www.ingramcontent.com/pod-product-compliance
Lightning Source LLC
Chambersburg PA
CBHW072213170526
45158CB00002BA/583
* 9 7 8 1 0 8 0 1 9 4 6 7 4 *